D1732427

SCM

Stiftung Christliche Medien

SCM ist ein Imprint der SCM Verlagsgruppe, die zur Stiftung Christliche Medien gehört, einer gemeinnützigen Stiftung, die sich für die Förderung und Verbreitung christlicher Bücher, Zeitschriften, Filme und Musik einsetzt.

Max-Eyth-Straße 41 · 71088 Holzgerlingen
Internet: www.scm-verlagsgruppe.de; E-Mail: info@scm-verlagsgruppe.de

Gesamtgestaltung + Illustrationen: Franka Röhm, Lenningen (www.frankadesign.studio)
Texte & Redaktion: Annegret Prause
Grafiken: freepik.com/ freepik, lesyaskripak macrovector, rawpixel, pikisuperstar, stockgiu
Druck und Verarbeitung: Finidr s.r.o.
Gedruckt in Tschechien
ISBN 978-3-7893-9930-5
Bestell-Nr. 629.930

DAS DANKBARKEITSTAGEBUCH,
das dich mehr entdecken lässt

SCM

Entdecke den Segen in deinem Leben!

Dankbarkeit ist ein seltsames Wort. Es klingt ein bisschen altmodisch – und vielleicht auch ein wenig nach einer höflichen Geste. Tatsächlich steckt in der Dankbarkeit aber eine faszinierende Kraft.

Die glücklichsten Menschen sind nicht die,
die am meisten haben, sondern die,
die am meisten danken können.

W. J. Oehler

Wer dankbar lebt, lebt als reich beschenkter Mensch. Und das macht einen riesigen Unterschied. Man ist nicht nur zufriedener und glücklicher, Dankbarkeit hat sogar positive Auswirkungen auf die Gesundheit insgesamt.

Das Beste: Dankbarkeit ist keine Eigenschaft, die man hat oder nicht – man kann sie einüben. Und das lohnt sich in jeder Hinsicht.

Aber wie geht man am besten dabei vor? Mit Leichtigkeit, Freude und der Frage: Wo versteckt sich in meinem Leben überall Segen, den ich vielleicht noch gar nicht gesehen habe? Und genau dabei unterstützt dieses Buch.

Du findest auf jeder Seite Fragen und manchmal auch Anmerkungen und Tipps dazu. Diese Fragen gehen ins Detail. Sie sind mal leicht, mal humorvoll und mal fordern sie dich zum Nachdenken heraus. Wenn du Dankbarkeit und Segen entdecken möchtest, kommt es darauf an, genau hinzuschauen und so konkret zu werden wie möglich.

Auf den meisten Frageseiten hast du Platz für sieben Antworten – eben „Segen hoch sieben". Wichtig: Du musst die Felder nicht alle ausfüllen und du musst sie schon gar nicht auf einmal ausfüllen.

Dieses Dankbarkeitstagebuch soll dich inspirieren und es darf sich mit der Zeit füllen. Blättere darin und wann immer dich eine Frage anspricht, kannst du eine Antwort ergänzen – oder auch mehrere. Und irgendwann später kehrst du vielleicht wieder zurück und ergänzt noch mehr und liest gleichzeitig, was dir zu einem anderen Zeitpunkt schon dazu eingefallen ist.

In regelmäßigen Abständen findest du Schnappschuss-Seiten mit unterschiedlichen Fragen, die sich wiederholen. Diese Seiten beziehen sich auf die vergangenen Tage oder die zurückliegende Woche und dort kannst du auch immer ein Datum eintragen. So findet auch das, was du gerade erlebt hast, Eingang in dieses Dankbarkeitstagebuch.

Also lass dich inspirieren, mach dich auf die Suche und entdecke, wo sich überall Segen, Freude und gute Dinge in deinem Leben finden lassen. Je mehr du findest und aufschreibst, desto mehr wird dieses Buch zu einem Schatz. Und du wirst sehr wahrscheinlich selbst erleben, dass Dankbarkeit einen echten Unterschied im Leben bewirken kann.

Mit meiner Seele will ich den Herrn loben
und das Gute nicht vergessen, das er für mich tut.

Psalm 103,2

Nicht jeder mag alles bunt,
aber Farben machen das Leben schöner.
Wo genießt du Farben am meisten?

Bei Blumensträußen, in deinem Aquarellkasten,
auf den Fotos in deinem Smartphone ...
Und was ist deine Lieblingsfarbe

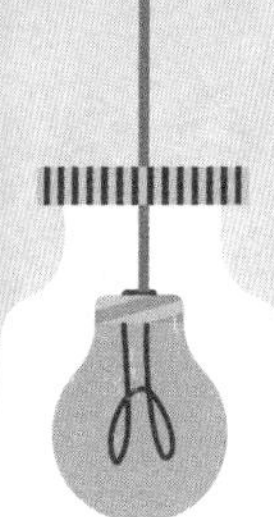

Licht auf Knopfdruck (oder per Sprachbefehl) ist eine Selbstverständlichkeit, nicht wahr? Wo und wann würdest du es am meisten vermissen, wenn du es nicht hättest?

**Was sind die schönsten Geschenke,
die du in deinem Leben bisher bekommen hast?**

Suche ein Foto auf deinem Handy aus,
das einen besonderen Moment aus der letzten
Woche zeigt. Drucke es aus und klebe es hier
auf. Ergänze eine Bildunterschrift, die von
diesem Moment erzählt.

Bibelverse, die dir besonders am Herzen liegen.

Wenn du eine besondere Situation oder ein Ereignis damit verbindest, dann schreib das mit auf.

Dinge, die du gut kannst.

Hier ist kein Platz für Selbstzweifel. Jeder kann Dinge gut – wir zielen nicht auf Weltklasse-Niveau.

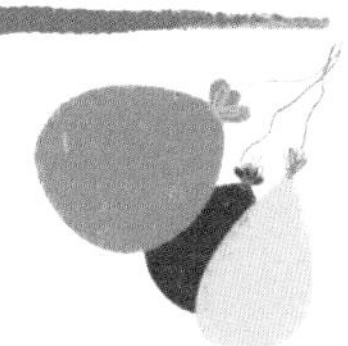

Was haben in dieser Woche andere für dich getan, das dich dankbar gemacht hat?

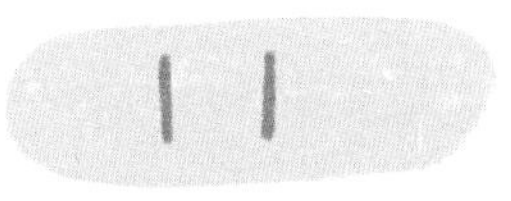

Was magst du an dem Ort, an dem du gerade lebst?

Was gefällt dir an der Stadt, dem Umland oder der Region?

Gott findet, dass es auf dieser Welt unbedingt jemanden wie dich braucht! Was macht dich gerade dankbar für dein Leben?

Dinge, die du gelernt hast – auch wenn es am Anfang schwer war.

Autofahren, lesen, Salto aus dem Stand, Risotto kochen, eine Präsentation erstellen ... Was machst du heute ohne Probleme, das dir früher Probleme bereitet hat?

Wenn du auf die vergangenen Tage blickst: Welche Momente oder Erlebnisse machen dich dankbar?

Gebetserhörungen, die für dich eine besondere Bedeutung haben.

Das können Kleinigkeiten sein oder echte Wunder. Schreib auf, was du mit Gott erlebt hast – sonst vergisst du es viel zu schnell wieder.

Welche Ecke in deinem Zuhause ist am gemütlichsten? Was macht sie so gemütlich?

Oft sind es Kleinigkeiten, die für Gemütlichkeit sorgen wie Licht, Ausblick, Kissen, Kerzen oder Gegenstände mit Erinnerungswert.

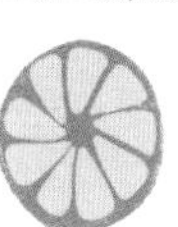

**Wenn du auf diese Woche blickst:
Was haben andere gesagt, das dich
dankbar gemacht hat?**

Das kann ein netter Austausch gewesen sein, Komplimente, Wertschätzung, Inspiration, Erklärungen.

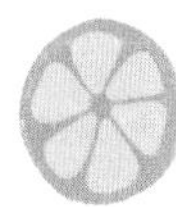

Wann und wobei warst du mutig?

Du weißt ja: Mut heißt nicht, dass man keine Angst hat.
Es heißt, dass man es trotzdem tut – dann eben ängstlich.

Welche unkomplizierten und richtig netten Menschen kennst du? Was macht das Zusammensein mit ihnen so angenehm?

Was sind deine liebsten Süßigkeiten oder Desserts?

Kuchen zählt auc

Wenn du auf diese Woche blickst:
Wofür bist du Gott dankbar?

Momente, in denen Musik eine besondere Rolle spielte – und wie heißt das Lied/Musikstück?

Das kann ein Konzert sein, das Lied, das du beim Road Trip damals immer wieder gehört hast oder der Soundtrack deines Lieblingsfilms.

Richtig gute Tipps und Ratschläge, die du von deinen Großeltern bekommen hast.

Heilige Momente. Erlebnisse, Augenblicke oder Orte, an denen du Gottes Gegenwart gespürt hast.

Was hat dich diese Woche zum Lächeln gebracht?

Bonus, wenn du sogar lauthals lachen musstest.

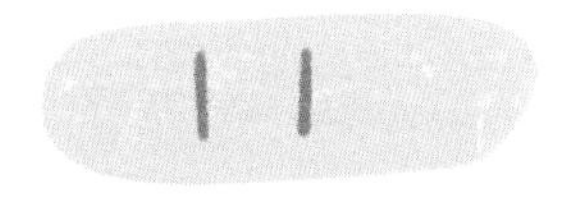

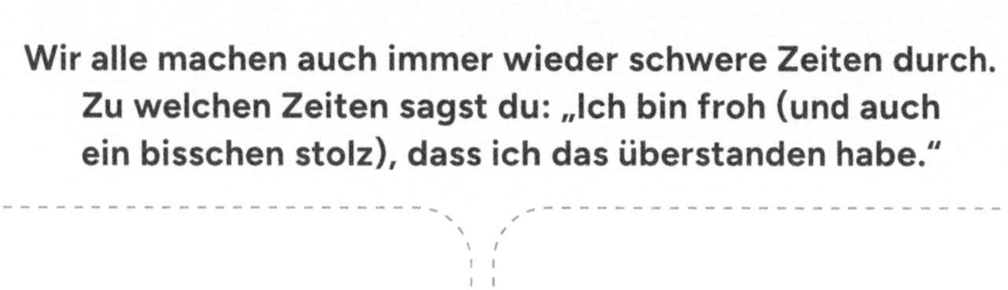

Wir alle machen auch immer wieder schwere Zeiten durch. Zu welchen Zeiten sagst du: „Ich bin froh (und auch ein bisschen stolz), dass ich das überstanden habe."

Welche Menschen haben dich in deinem Leben ermutigt oder angefeuert?

Unscheinbare Kleinigkeiten, die dir Freude bereiten.

Schau mal genau in deinen Alltag: Manche erfreuen sich z. B. an Blumen, andere lieben den Duft von frisch gebrühtem Kaffee oder das Gefühl, an einem kühlen Morgen unter der warmen Dusche zu stehen.

Ist dir schon mal aufgefallen, dass man selbst fröhlicher und dankbarer wird, wenn man etwas Nettes für andere tut?

Mit welchen kleinen, netten Gesten und Taten hast du zuletzt andere überrascht?

Auf welche Weise macht dein Glaube dein Leben besser?

Was gehört für dich zu einem perfekten Morgen?

Du entscheidest, ob es Alltag oder Wochenende ist.

Was an deiner Arbeit macht dich dankbar?

Auch unbezahlte Arbeit zu Hause oder eine Ausbildung zählen.

Wo gab es in den Tagen der letzten Woche Ruheinseln, kleine Momente der Stille oder Augenblicke, in denen du auftanken konntest?

Finde sieben Dinge, die du gern spürst, weil sie sich so wundervoll anfühlen.

Das kann das Fell deines Haustiers sein, Handtücher, die frisch aus dem Trockner kommen und noch ganz warm sind, oder der Sand am Meer unter deinen Füßen.

Welche Abenteuer hast du schon erlebt?

In freier Natur zelten? Eine Nachtwanderung?
In eine fremde Stadt ziehen?

Was macht den Sonntag zu einem richtig guten Tag?

Suche ein Foto auf deinem Handy aus,
das einen besonderen Moment aus der letzten Woche zeigt. Drucke es aus und klebe es hier auf. Ergänze eine Bildunterschrift, die von diesem Moment erzählt.

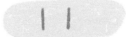

Schau aus dem Fenster und finde sieben Dinge, die du schön findest.

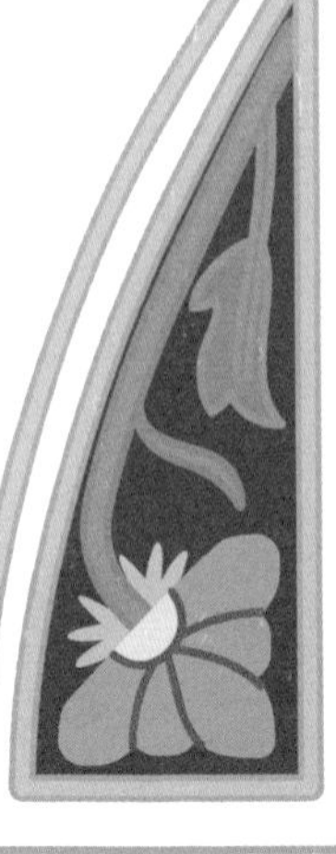

Wenn du auf eine Betonmauer schaust, dann finde etwas Schönes an der Betonmauer.

Wann hast du dich so richtig zufrieden gefühlt?

Beschreibe am besten ganz konkrete Beispiele wie „… als ich den gesamten Kleiderschrank aussortiert und neu eingeräumt habe“ oder „nach der langen Wanderung zum …“.

Sieben Dinge, die du am Frühling liebst.

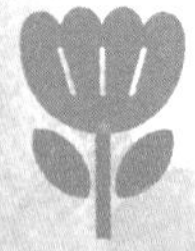

Was haben in dieser Woche andere für dich getan, das dich dankbar gemacht hat?

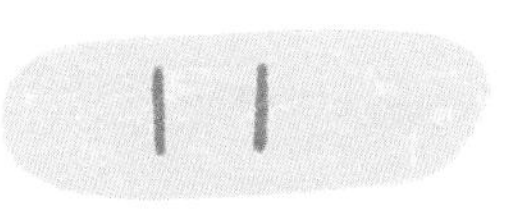

Ist dir schon mal aufgefallen, wie viele Möglichkeiten dir offenstehen, um mit anderen zu kommunizieren oder in Kontakt zu bleiben? Welche nutzt du am liebsten und was magst du daran?

Dinge, die du im Überfluss hast.

Das muss nichts Materielles sein. Auch Ideen, Hoffnung oder sauberes Wasser gehören dazu.

Besonders schöne Orte, die du im Urlaub gesehen hast.

Kleine Ausflüge zählen auch als Urlaub.

Wenn du auf die
vergangenen Tage blickst:
Welche Momente oder Erlebnisse
machen dich dankbar?

Lieblingsgerichte: An welche Gerichte aus deiner Kindheit hast du bis heute die besten Erinnerungen – auch wenn sie natürlich niemand so zubereiten kann wie deine Mama?

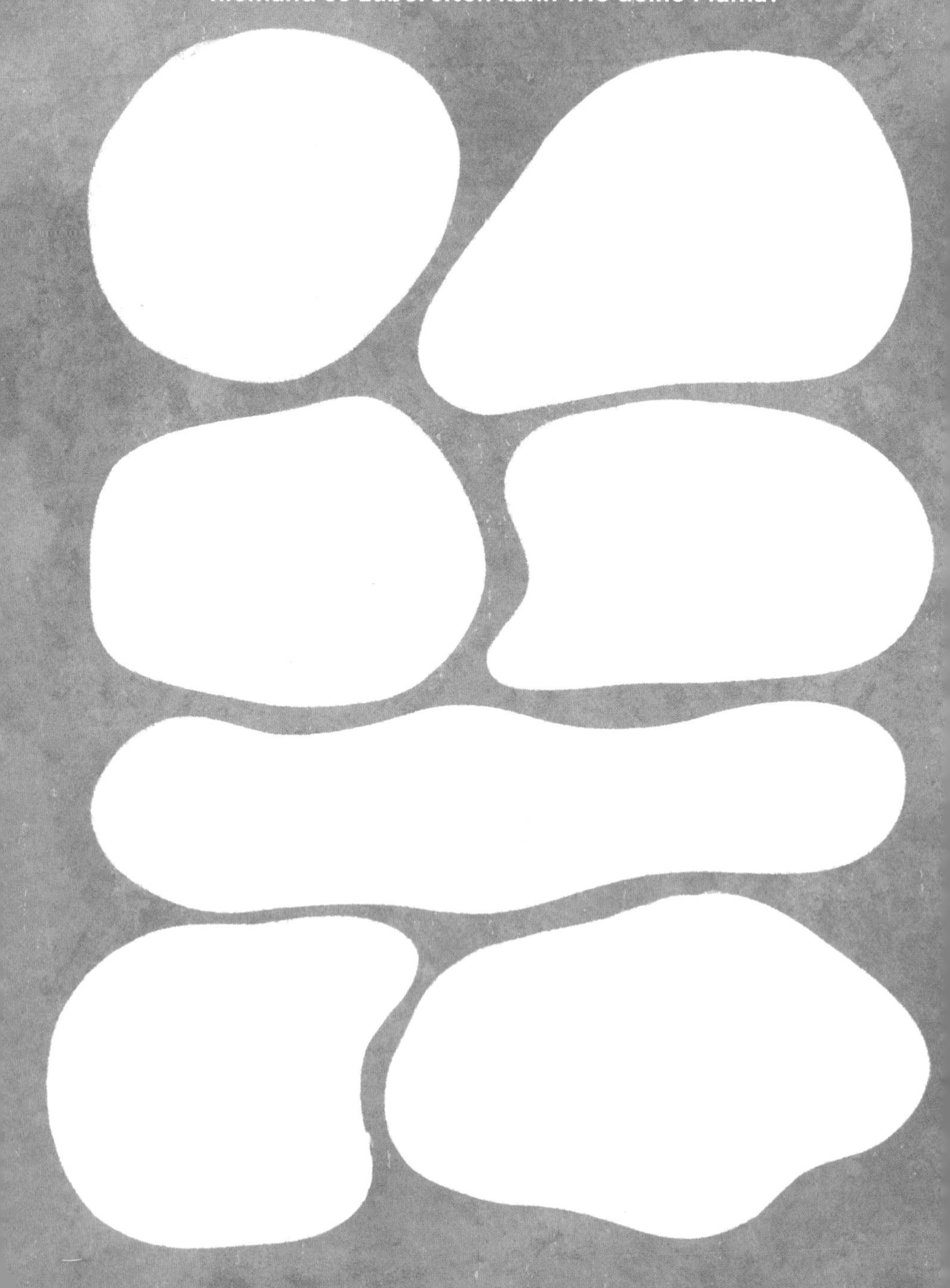

Es tut so gut, wenn man am Morgen ausgeruht aufwacht. Wofür bist du besonders dankbar, wenn du dich abends ins Bett legst?

... oder am Nachmittag ein Nickerchen machst.

Heimat: Was sorgt dafür, dass du dich zu Hause fühlst?

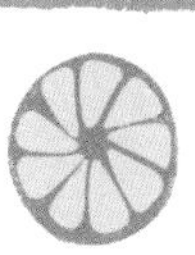

**Wenn du auf diese Woche blickst:
Was haben andere gesagt, das dich
dankbar gemacht hat?**

*Das kann ein netter Austausch gewesen sein, Komplimente,
Wertschätzung, Inspiration, Erklärungen.*

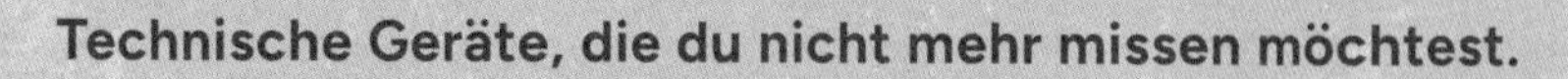

Technische Geräte, die du nicht mehr missen möchtest.

Stell dir mal einen Alltag ohne sie vor!

Wo stehst du gerade in deinem Leben?
Und was macht dich dankbar dafür?

Was hast du bis hierher schon alles geschafft?
Oder welche Freiheiten genießt du vielleicht gerade?

Schau dich an dem Ort um, an dem du gerade sitzt und schreibst. Für welche Dinge bist du genau hier dankbar?

Wenn du auf diese Woche blickst:
Wofür bist du Gott dankbar?

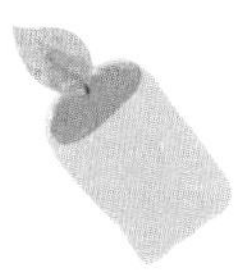

Was kannst du heute ohne Probleme tun, das für Leute vor 50 Jahren unmöglich oder zumindest schwierig war?

Welche Dinge magst du am Sommer?

Was hast du als Kind besonders geliebt?

Das können Gegenstände sein wie das Lieblingskuscheltier, aber auch Erlebnisse oder kleine Rituale.

Was hat dich diese Woche zum Lächeln gebracht?

Bonus, wenn du sogar lauthals lachen musstest.

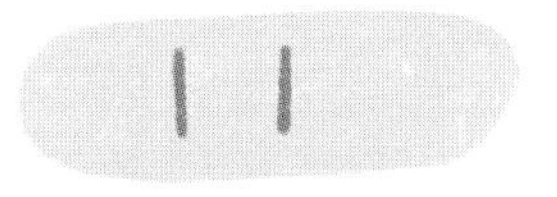

Gebete oder Segensworte,
die dir viel bedeuten, oder die du
einfach gern magst.

Was ist für dich so schön, dass es dich (fast) zu Tränen rühren kann?

Für manche ist das Musik oder ein bestimmtes Lied, für andere sind es Worte, Bilder oder Erlebnisse.

Konntest du diese Woche bei anderen für Dankbarkeit sorgen? Hast du etwas getan, gesagt oder jemanden unterstützt und ein Danke dafür bekommen?

Das können auch ganz kleine Dinge sein, wie jemanden an der Kasse vorzulassen …

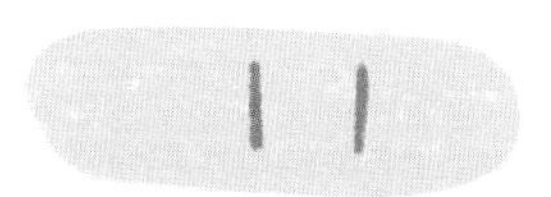

Wann fühlst du dich am meisten mit anderen Menschen verbunden?

Manchen geht das Herz auf, wenn man gemeinsam lacht, verrückte Aktionen teilt, miteinander betet oder gemeinsam am Tisch isst. Was gehört für dich dazu?

Was verbessert zuverlässig deine Stimmung, wenn du einen schlechten Tag hast?

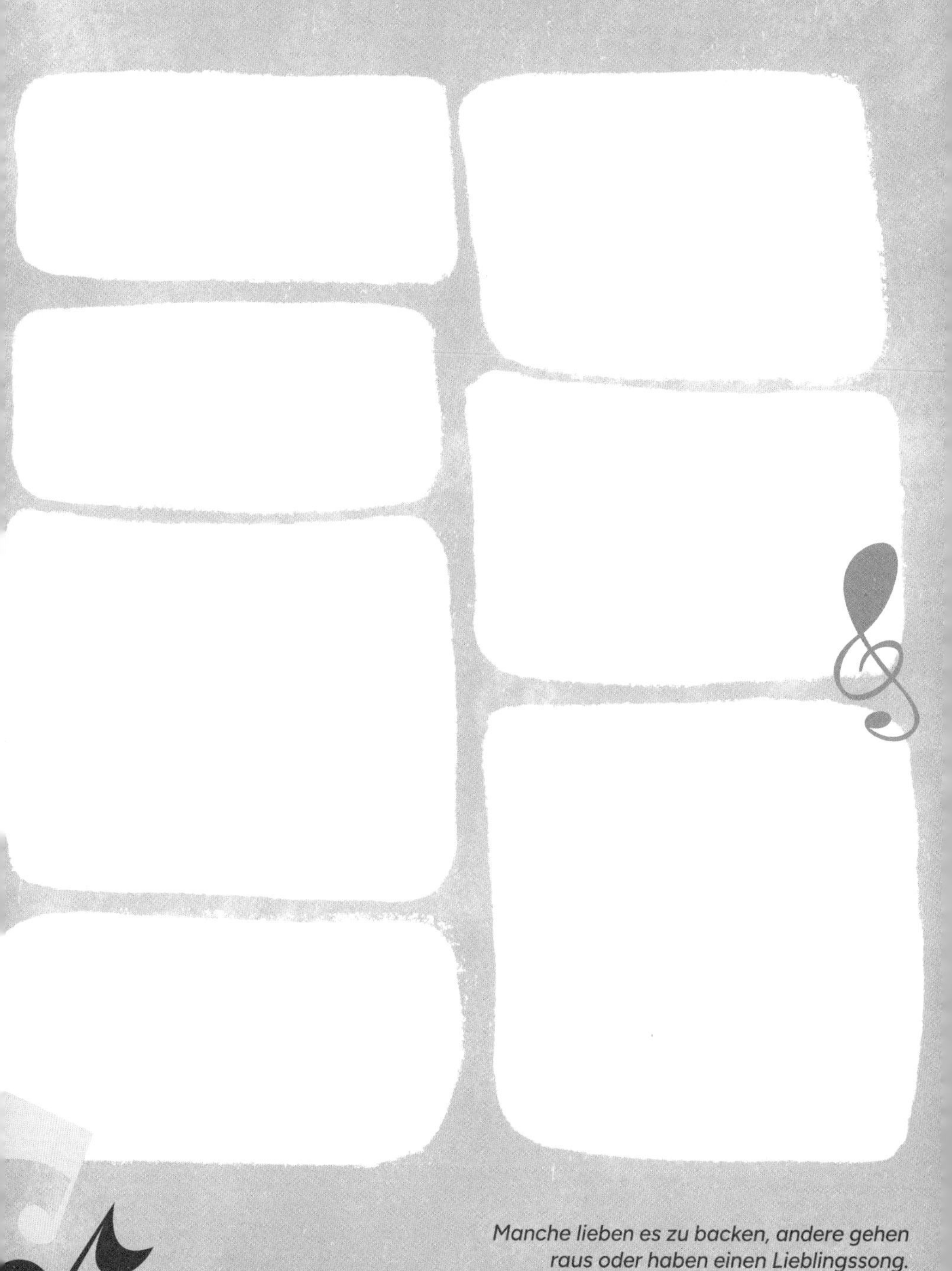

Manche lieben es zu backen, andere gehen raus oder haben einen Lieblingssong.

Welche warmen/heißen Getränke magst du richtig gern?

Mach es möglichst konkret: Magst du eine bestimmte Sorte Tee? Heiße Schokolade? Oder Kaffee in einer ganz bestimmten Zubereitung – und mit Milchschaum und Zimt? Schreibe deine Best-of-Liste.

Wo gab es in den Tagen der letzten Woche Ruheinseln, kleine Momente der Stille oder Augenblicke, in denen du auftanken konntest?

Was sind die ungewöhnlichsten oder mutigsten Kleidungsstücke, die du besitzt und auch schon getragen hast?

Ja, das können auch Accessoires sein.

Was waren die exotischsten Gerichte oder Speisen, die du bisher probiert hast?

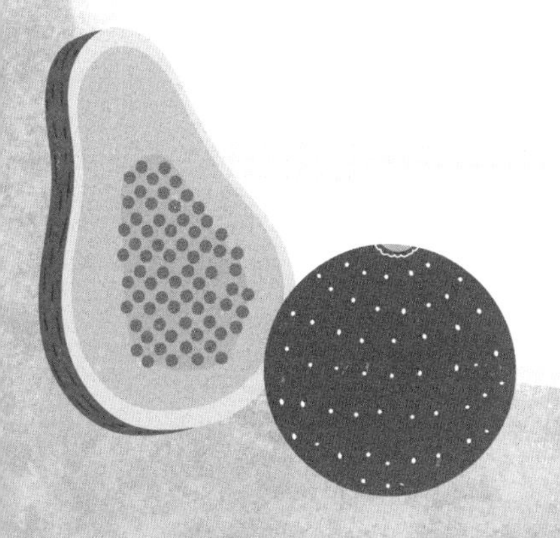

Was magst du am Herbst am liebsten?

Suche ein Foto auf deinem Handy aus,
das einen besonderen Moment aus der letzten Woche zeigt. Drucke es aus und klebe es hier auf. Ergänze eine Bildunterschrift, die von diesem Moment erzählt.

Wofür bist du deinem jüngeren Ich heute dankbar?

Das können zum Beispiel Entscheidungen sein, etwas, das du trotz Widerständen durchgezogen hast oder Möglichkeiten, zu denen du mutig Ja gesagt hast.

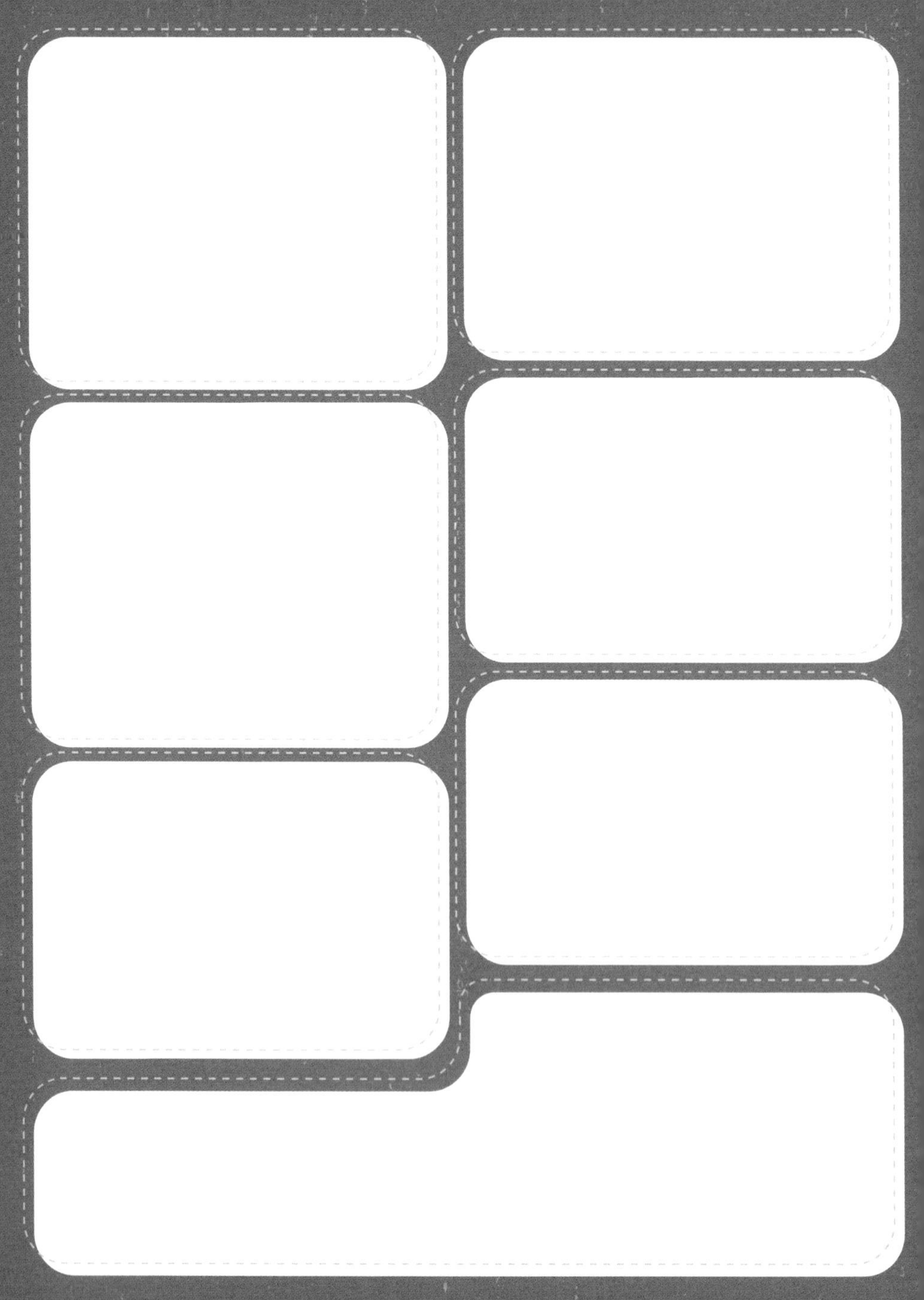

Was siehst und erlebst du jeden Tag und hast trotzdem noch Freude daran?

Welche Orte strahlen für dich wohltuende Ruhe und Frieden aus?

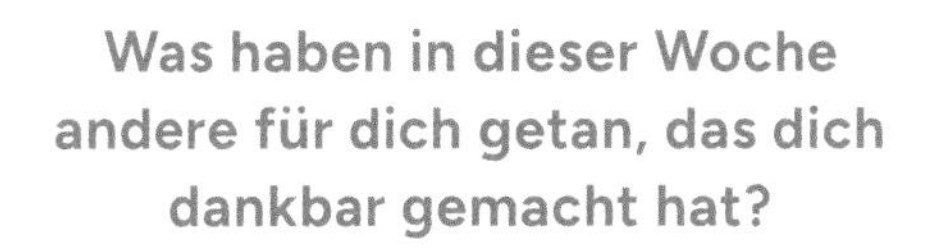
Was haben in dieser Woche
andere für dich getan, das dich
dankbar gemacht hat?

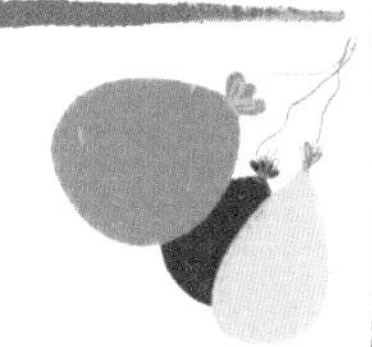

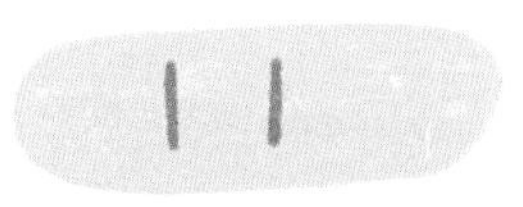

Was inspiriert dich?

Denk an Momente, in denen plötzlich die Ideen sprudelten, oder du Lust hattest, ein Projekt zu beginnen.

Gott hat ein wirklich gutes Timing!
Kannst du dich an Erlebnisse erinnern,
wo Hilfe ganz genau zum richtigen Zeitpunkt kam?

Dinge, die dafür sorgen, dass du dich wahrgenommen, wertgeschätzt und gesehen fühlst.

Denk an Menschen, die besonders gut darin sind, dir dieses Gefühl zu vermitteln. Was machen sie?

Wenn du auf die
vergangenen Tage blickst:
Welche Momente oder Erlebnisse
machen dich dankbar?

Das Beste am schlechten Wetter:
Welches Wetter magst du überhaupt nicht?
Finde trotzdem Dinge daran, die schön sind.

Vielleicht entdeckst du Regentropfen, die besonders dekorativ auf einem Blatt aussehe
Oder das trübe Grau ist perfekt, um es sich drinnen gemütlich zu mache

Sieben Dinge, deren Geschmack du sehr magst.

Das kann ein Lieblingsgericht aus deiner Kindheit sein, etwas so Spezielles wie karamellisierte Walnüsse auf einem Apfelkuchen oder ein Cappuccino mit cremigem Milchschaum.

**Was ist das Beste an dem Alter,
in dem du dich gerade befindest?**

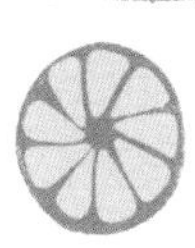

Wenn du auf diese Woche blickst: Was haben andere gesagt, das dich dankbar gemacht hat?

Das kann ein netter Austausch gewesen sein, Komplimente, Wertschätzung, Inspiration, Erklärungen.

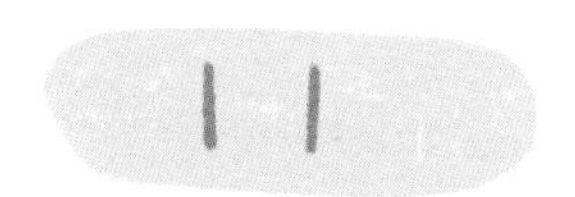

Welche Gegenstände in deiner Küche, machen dir das Leben leichter?

Bücher, die einen bleibenden Eindruck hinterlassen haben.

Völlig egal, ob es ein Roman war, ein theologisches Buch oder ein Ratgeber.

Was magst du am Draußen-Sein?

Wann zieht es dich aus deinen gemütlichen vier Wänden? Ist es ein bestimmtes Wetter, sind es gemeinsame Ausflüge, Erlebnisse, Wanderungen oder ist es einfach frische Luft?

Wenn du auf diese Woche blickst:
Wofür bist du Gott dankbar?

Was feierst du gern? Vielleicht kannst du dich auch an besondere Feste erinnern?

Ist Weihnachten dein Lieblingsfest? Hast du die besten Erinnerungen an deinen 18. Geburtstag, eine Willkommensparty oder ein spontanes Sommerfest?

Was hast du zuletzt Neues gelernt?

Das kann eine Fähigkeit sein, ein Life Hack, ein Fakt, den du noch nicht kanntest …

In der Gegenwart welcher Menschen fühlst du dich so richtig wohl?

Wenn du sie schon länger nicht gesehen hast, verabrede dich doch mal wieder mit ihnen.

Was hat dich diese Woche zum Lächeln gebracht?

Bonus, wenn du sogar lauthals lachen musstest.

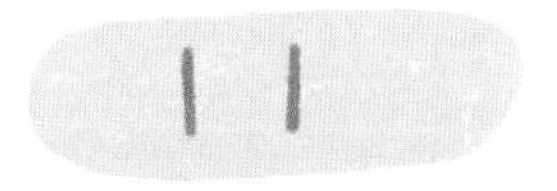

Was ist deine liebste Tageszeit?
Und was macht sie so besonders für dich?

Erinnere dich an eine Zeit, in der du dich weit aus deiner Komfortzone gewagt hast. Was schätzt du im Rückblick daran?

Was magst du am liebsten am Winter?

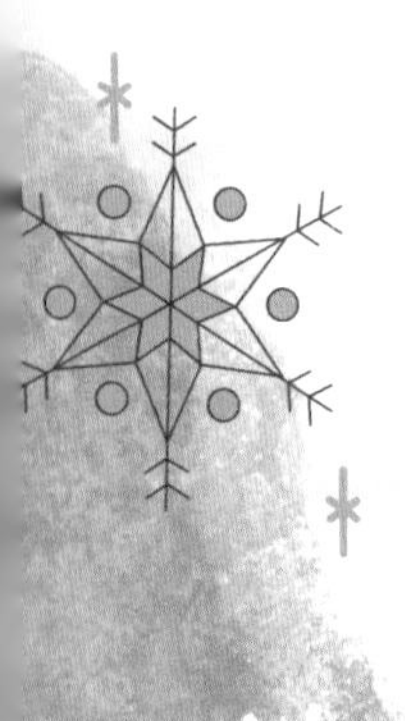

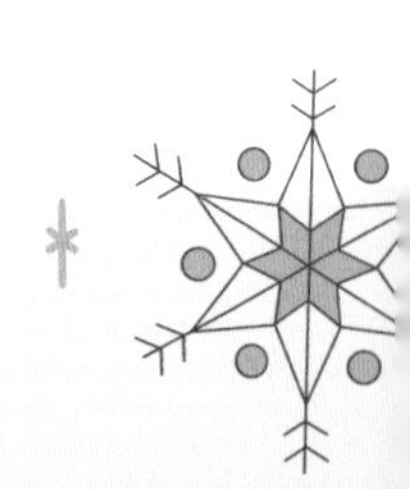

Konntest du diese Woche bei anderen für Dankbarkeit sorgen? Hast du etwas getan, gesagt oder jemanden unterstützt und ein Danke dafür bekommen?

Das können auch ganz kleine Dinge sein, wie jemanden an der Kasse vorzulassen ...

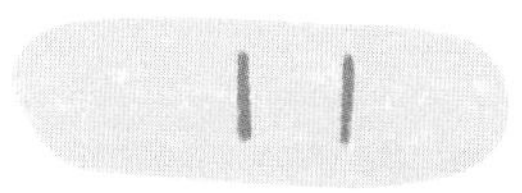

Wann und wo schläfst du am besten?

Schläfst du im Winter besser als im Sommer, hast du ein Lieblingskissen, das Sofa, ein Zu-Bett-geh-Ritual?

Was riechst du besonders gern?

Manche Düfte bringen Erinnerungen zurück, andere mögen wir einfach nur sehr gern. Frisch gebrühter Kaffee, in der Sonne getrocknetes Heu, den Duft des Waldes an einem sonnigen Herbsttag ...

Bei welchen Gelegenheiten hast du dich
zuletzt so richtig lebendig gefühlt?

Wo gab es in den Tagen der letzten Woche Ruheinseln, kleine Momente der Stille oder Augenblicke, in denen du auftanken konntest?

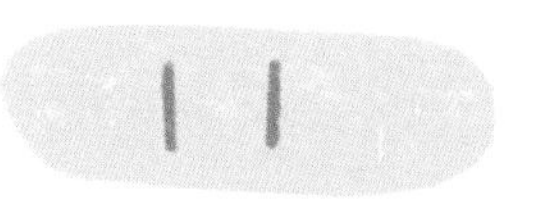

Erinnerst du dich an Gebete, die Gott nicht nur erhört hat, sondern bei denen er deine Erwartungen oder Hoffnungen weit übertroffen hat?

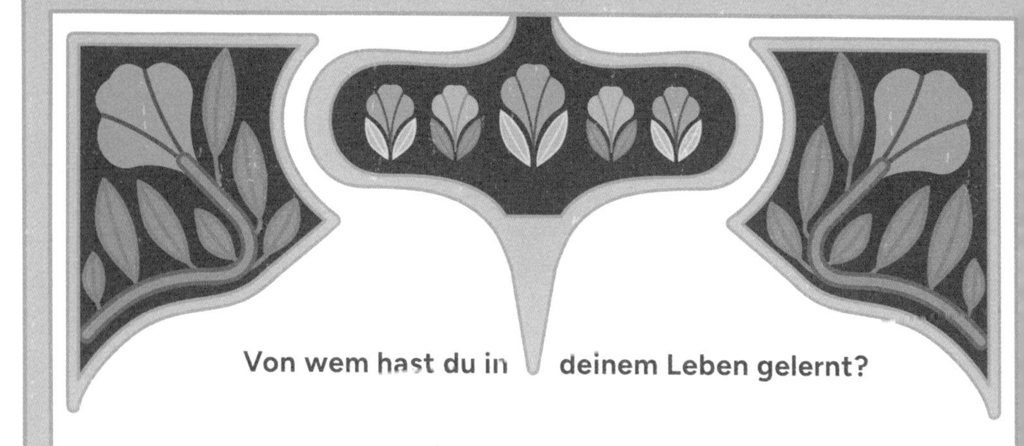

Von wem hast du in deinem Leben gelernt?

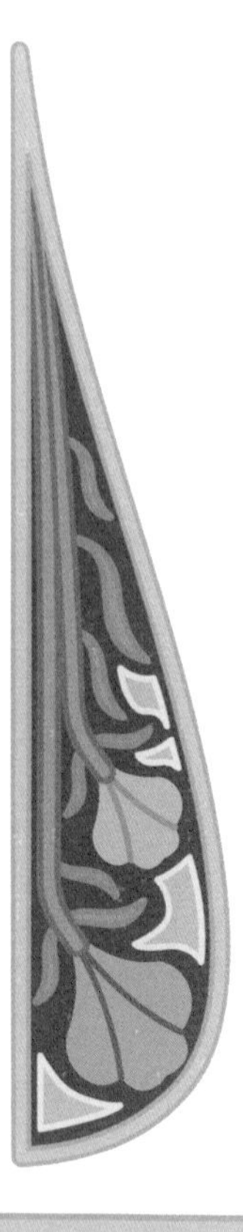

Wer war ein gutes Vorbild,
ein Lehrer oder Mentor für dich?

Suche ein Foto auf deinem Handy aus, das einen besonderen Moment aus der letzten Woche zeigt. Drucke es aus und klebe es hier auf. Ergänze eine Bildunterschrift, die von diesem Moment erzählt.

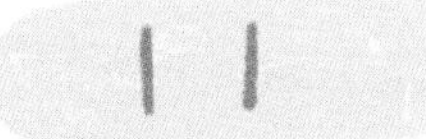

Was gefällt dir am besten an deiner Wohnung?

Deine Leseecke, der Ausblick, nette Nachbarn?

Freunde, die dein Leben reicher machen.

Das können auch Menschen sein, mit denen du nur ein Stück Wegstrecke geteilt hast. Auch wenn sie heute vielleicht nicht mehr aktiver Teil deines Lebens sind, haben sie es reicher gemacht.

Gelegenheiten oder Situationen, in denen du ausgelassen getanzt hast.

Wenn du regelmäßig tanzt, dann suche dir Lieblingsmomente aus.
Für Nichttänzer: sich rhythmisch (zu Hause) zur Musik bewegen zählt auch.

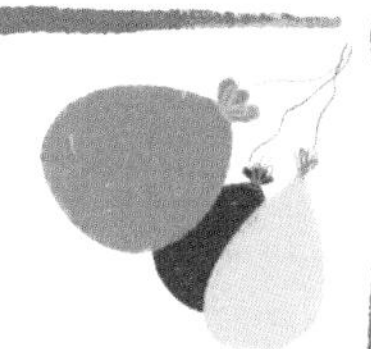

Was haben in dieser Woche andere für dich getan, das dich dankbar gemacht hat?

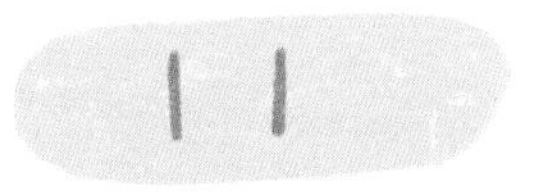

Was macht dich dankbar für deinen Körper?

Meistens weiß man erst zu schätzen, was man hat, wenn es mal nicht so richtig funktioniert. Dein Körper ist ein Meisterwerk! Wann hast du das zuletzt gemerkt?

Das kam unerwartet: An welche positiven Überraschungen kannst du dich erinnern?

Was hilft dir, wenn du ängstlich bist oder sorgenvoll?

Wenn du auf die vergangenen Tage blickst: Welche Momente oder Erlebnisse machen dich dankbar?

Wonach fühlst du dich erschöpft, aber auf eine gute Art und Weise?

Die „Ich bin ganz schön k.o., aber ich habe richtig was geschafft"-Weise.

Momente, die für deinen Glauben prägend oder wichtig geworden sind.

Das können Erlebnisse, Orte oder Begegnungen sein.

Was macht dich heute glücklich, das du vor einem Jahr noch nicht in deinem Leben hattest?

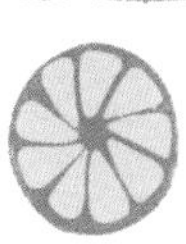

Wenn du auf diese Woche blickst: Was haben andere gesagt, das dich dankbar gemacht hat?

Das kann ein netter Austausch gewesen sein, Komplimente, Wertschätzung, Inspiration, Erklärungen.

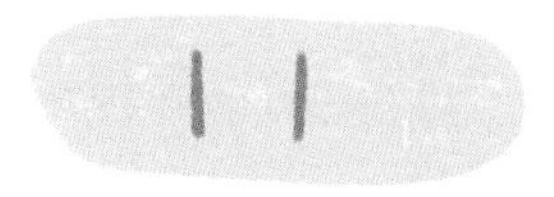

Man kann auch für Dinge dankbar sein, die ein bisschen albern, verrückt oder scheinbar unwichtig sind.

Wie Kaugummis, mit denen man große Blasen machen kann, die Erfindung des Reißverschlusses oder Straßenkunst, die dich zum Schmunzeln bringt.

Wenn du auf dein Leben blickst: Womit bist du gesegnet, in welchen Bereichen fühlst du dich beschenkt?

Welche Traditionen aus deiner Familie magst du am liebsten?

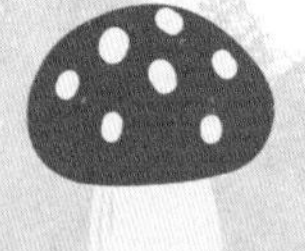

Das kann z. B. eine bestimmte Art sein, Geburtstage zu feiern, gemeinsame Mahlzeiten, festliche Deko oder kleine Alltagsrituale

Wenn du auf diese Woche blickst:
Wofür bist du Gott dankbar?

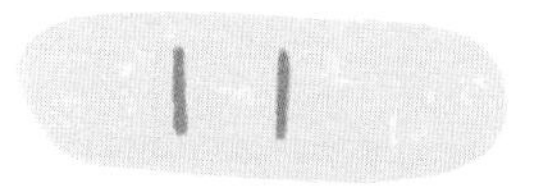

Gehst du in eine Kirche oder Gemeinde?
Besuchst du einen Hauskreis?
Was schätzt du daran besonders?

Wie bringt Kreativität Freude in dein Leben?

Jeder ist kreativ. Du musst nicht unbedingt basteln oder musizieren. Sich neue Rezepte ausdenken, ist kreativ. Probleme auf ungewöhnliche Weise lösen, ist kreativ. Finde einfach dein „kreativ".

Die schönsten Komplimente, die du bisher bekommen hast.

Was hat dich diese Woche zum Lächeln gebracht?

Bonus, wenn du sogar lauthals lachen musstest.

Was erfrischt dich am meisten, wenn es draußen richtig warm ist?

Für welche Menschen aus deiner Vergangenheit bist du dankbar? Wer hat dich geprägt, dich unterstützt oder mit dafür gesorgt, dass du heute an der Stelle stehst, an der du bist?

Wann und wobei hattest du das Gefühl, dass dich jemand anderes versteht?

Konntest du diese Woche bei anderen für Dankbarkeit sorgen? Hast du etwas getan, gesagt oder jemanden unterstützt und ein Danke dafür bekommen?

Das können auch ganz kleine Dinge sein, wie jemanden an der Kasse vorzulassen …

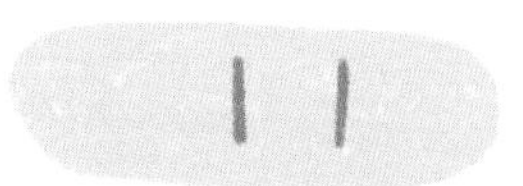

Für welche Gelegenheiten oder „offenen Türen" in deinem Leben bist du dankbar?

Vielleicht konntest du eine spannende Persönlichkeit treffen, hast irgendwo ein Praktikum gemacht, eine Zeit im Ausland gelebt oder praktische Erfahrungen gesammelt, die nicht jeder machen kann.

Was sind die schönsten Erinnerungen aus deiner Kindheit?

Wo gab es in den Tagen der letzten Woche Ruheinseln, kleine Momente der Stille oder Augenblicke, in denen du auftanken konntest?

Zitate oder Sinnsprüche, die dich inspirieren oder ermutigen.

Was fällt dir leicht? Was geht dir locker von der Hand?

Ist es nicht beeindruckend, wie viele Dinge im Hintergrund mühelos klappen – ohne dass es einem groß auffällt?

Suche ein Foto auf deinem Handy aus,
das einen besonderen Moment aus der letzten
Woche zeigt. Drucke es aus und klebe es hier
auf. Ergänze eine Bildunterschrift, die von
diesem Moment erzählt.

Was findest du in der Bibel zum Thema Dankbarkeit?
Was überrascht dich, fordert dich heraus
oder inspiriert dich?

Du kannst z. B. die Psalmen einmal unter diesem Gesichtspunkt lesen oder dich mit einer Wortkonkordanz (oder Wortsuche, wenn du online liest) auf die Spur der Dankbarkeit begeben.